DE LA CRISE

TERRITORIALE.

DE LA
CRISE TERRITORIALE,

PAR

Ancien Représentant de l'Ain.

BOURG-EN-BRESSE,
IMPRIMÉRIE DE MILLIET-BOTTIER.

1851.

Sommaire.

—

De l'état actuel de la propriété. — Vrais fondements de la propriété. — Dettes et revenus de la propriété en France. — Nécessité de la LIQUIDER et de la RECONSTITUER. — Qu'est-ce que le crédit foncier? — Son origine. — Analyse du projet de crédit foncier soumis à l'Assemblée. — Objections. — Réponses. — Distinction des intérêts permanents de la propriété et des intérêts actuels des propriétaires grevés. — Double solution à une double question. — Conclusion.

DE

LA CRISE TERRITORIALE.

—

I.

Etat de la propriété.   L'état actuel de la propriété territoriale en France, écrasée par la dette, par l'impôt et par d'autres charges considérables, motive, à de justes titres, l'attention sérieuse dont elle est l'objet de la part du Gouvernement et de l'Assemblée législative. Il ne s'agit plus de considérer ces souffrances sous leur côté purement individuel; ce ne sont pas quelques propriétaires plus ou moins obérés qui doivent chercher dans des remèdes particuliers un soulagement à leur situation. Le mal est devenu général. La petite propriété, regardée naguère, avec quelque illusion, sans doute, comme le rempart de l'ordre, est dévorée par l'usure et prête à succomber. Il n'y a pas seulement danger pour des fortunes individuelles, mais péril social. Un lien intime unit la propriété à l'Etat; quand la propriété chancelle, la société est ébranlée; et raffermir l'une, c'est stabiliser l'autre.

II.

Fondement
de la
propriété.

Proclamer la *propriété* une des bases de la société, c'est être amené inévitablement à la considérer dans sa double origine : le travail et la famille. Selon l'ordre religieux, le travail est une expiation infligée à l'homme. Dans l'ordre de la nature, il constate à la fois une nécessité et une supériorité. Nécessité pour l'homme dont les besoins incessants ne peuvent être satisfaits que par un labeur continu; supériorité de l'homme sur la matière qu'il plie, modifie, asservit et transforme, selon toute la puissance de sa volonté réfléchie. Le travail est une loi, et si, vis-à-vis du Créateur, la créature acquitte une dette, dans l'ordre naturel et vis-à-vis de ses semblables, elle acquiert un droit, le droit sacré de propriété, sans lequel la loi générale du travail serait une injustice.

L'occupation par la famille de la parcelle de terre nécessaire à ses besoins, sur laquelle s'exerce son travail, entraîne la division du sol et fait de cette division le signe sensible de la propriété. Celui qui nierait cette loi de l'appropriation appliquée au sol, duquel dérivent toutes les industries, toutes choses, mobilières et immobilières, serait obligé de nier également la propriété des fruits. Il nierait la vie en refusant les moyens de vivre non seulement à l'homme, mais à tout l'univers créé; — nul être vivant ne peut subsister sans la propriété, dit un écrivain moderne.

La famille ou société naturelle crée la propriété par le travail ; non-seulement la propriété du champ ou de la maison , mais encore les propriétés d'un ordre supérieur, qui s'étendent, s'élèvent et s'incarnent à mesure que les peuples se civilisent : celles *de nom, de considération, d'honneur, de gloire, de puissance ;* les propriétés traditionnelles et non écrites, confiées à la mémoire des hommes, à chaque membre d'une même famille, à chaque génération qui passe dans une même nationalité, à chaque nationalité dans l'humanité, comme le bien le plus précieux , non pour le dissiper, mais pour le conserver, l'affermir, l'améliorer et le perfectionner. Vérités un peu oubliées de nos jours , mais qui commencent de nouveau à briller dans les âmes françaises ! Nos malheurs nous ont appris que toutes les propriétés sont solidaires , que toutes sont respectables , qu'elles soient politiques, publiques, judiciaires, morales ou matérielles ; toutes doivent être respectées , et d'abord par ceux qui les possèdent, tenus les premiers à donner l'exemple de ce respect. La *transmissibilité* de la propriété est la propriété perpétuée avec le sang du père , le travail exécuté en commun dans une même famille par une coopération merveilleuse et touchante , quoique à des siècles de distance , le sceau matériel et spirituel de l'union entre l'homme , la femme et l'enfant, la matière humanisée et l'esprit incarné !

Propriété ! famille ! deux mots corrélatifs exprimant deux institutions coexistantes, ou plutôt une institution double, enfantée simultanément, selon la loi de Dieu, dans le travail et la douleur, éléments de toute société future ! Famille et propriété ! fondements du droit naturel ou divin, c'est-à-dire du droit dérivé de la nature de l'homme, laquelle vient de Dieu, droit éternel et seul perfectible, contre lequel ne prévaudra jamais le droit humain ou conventionnel, transitoire et révocable au gré des caprices de l'homme. Malheur aux législations qui les désunissent ! Fonder la propriété sur l'*individu*, c'est oublier que le genre humain est sorti d'une famille; elles s'appuient sur un arc-boutant brisé et crouleront avec lui !

Toutes les institutions naturelles, religieuses et politiques, se combinent avec l'élément nécessaire de la propriété transmissible. Elles trouvent dans sa souplesse admirable et dans la variété de ses développements la satisfaction de toutes les exigences de temps et de lieu. Ici, dans l'état social primitif, la propriété assure à la famille sa conservation; là, elle féconde le régime municipal et féodal. On la retrouve, à tous les degrés de la civilisation, incorporée aux distinctions sociales, garantissant l'indépendance de la couronne, du sacerdoce, de l'état militaire et même de la magistrature, par un moyen indirect. Attachée aux flancs de la société, partout, à tous les âges, la propriété répand la vie, l'abondance, la sécurité, la stabilité, et excite l'humanité au progrès en assurant les progrès accomplis.

Aujourd'hui, ramenée sous quelques rapports à son berceau, l'institution de la propriété repose sur la fiction de l'égalité civile. Le droit écrit l'a emporté sur le droit coutumier. Etudier les causes de sa décadence serait l'objet de plusieurs volumes; je me bornerai à quelques points spéciaux qui concernent la fortune publique et privée.

III.

La détresse de la propriété coïncide avec les secousses révo-lutionnaires de 1789. A cette époque, les biens de la noblesse, de la haute noblesse surtout, étaient fortement engagés, à tel point, que l'on ne constatait pas moins de huit cents terres en vente dans les études de notaires à Paris. Les plus grandes maisons étaient minées par la dette. Les biens du clergé, grevés d'une inscription énorme, honorablement consentie pour venir au secours de l'Etat, se montaient à sept millions de rentes. Enfin, la dette publique avait atteint un chiffre de deux cents millions, y compris quatre-vingt-un millions de rentes viagères. Seules, en général, les propriétés du Tiers étaient libres. Noblesse, Clergé, Etat, ont été engloutis dans l'abîme révolu-tionnaire, et lorsque les temps se calmèrent, la bourgeoisie se retrouva la première debout au milieu des ruines.

Sans doute, la situation de la propriété ne fut pas la cause unique des événements qui sont survenus; mais elle en fut à la fois une des causes et un signe. Quand ce signe reparaît, gravé plus profondément encore, que ce soit du moins un avertisse-ment utile pour nous!

Si nous voulons des lumières sur l'état actuel de la propriété, nous en trouverons abondamment dans les travaux de la Commission chargée par l'Assemblée législative d'étudier le crédit foncier, et dans le travail, nourri de faits, de son rapporteur M. Chegaray.

M. Puvis, le savant président de la Société d'Emulation de l'Ain, mort victime de son amour pour la science, avait estimé à 60 milliards la valeur totale de la propriété en France. La Commission de l'Assemblée la porte à 56,000,000,000

Le revenu en est fixé approximativement à 1,920,000,000

Après les travaux les plus approfondis, elle est arrivée à porter le chiffre de la dette effective à 8,000,000,000

De ce revenu, il faut déduire, pour l'impôt direct, principal et centimes additionnels compris. 240,000,000

Les intérêts de la dette de 8 milliards, calculés en moyenne à 7 pour % 560,000,000

La propriété se trouverait payer ainsi 800 millions de rentes sur un revenu de 1 milliard 920 millions, et disposerait d'un revenu net de 1,100 millions.

Mais il faut encore défalquer de ce revenu les intérêts des dettes chirographaires et usuraires, qui sont à la propriété ce que les bons du Trésor sont aux finances de l'Etat, et qui finissent toujours par une consolidation ; les charges annuelles d'entretien, les dépenses accidentelles, le fléau qui la frappe sans relâche depuis quatre ans, l'avilissement des denrées ; et le résumé de la situation sera une dette du 7me de la valeur totale de la propriété terrienne, qui absorbe au moins les deux cinquièmes de son revenu : voilà le bilan de la propriété en 1851 ! Une mobilité qui, dans les dix dernières années, élève le chiffre des ventes à 14 milliards, et qui équivaut à deux transmissions totales par vente, dans l'espace de soixante ans seulement : telle est son histoire !

En présence d'une situation aussi dure, à laquelle il faut ajouter le poids d'un budget annuel de près de deux milliards, il y a pour la propriété, à la fois, nécessité de se *liquider* et nécessité de se *reconstituer*.

La tâche du Gouvernement et de l'Assemblée, si cette appréciation est exacte, serait double et consisterait à accumuler, sur un moment donné, toutes les circonstances favorables à une liquidation et qui peuvent faciliter cette grande opération, tout en assurant à l'avenir des garanties reconstitutives de stabilité qui ont manqué jusqu'ici.

Les moyens d'arriver à une liquidation aussi avantageuse que possible se réduisent à deux : 1° à un établissement de crédit foncier ; 2° à une diminution temporaire des droits prélevés par le Gouvernement sur les contrats de vente.

IV.

Histoire du crédit foncier.

Le Crédit foncier, ou le capital garanti par le sol, varie dans ses formes, suivant le temps et le lieu. Autrefois établi en France au moyen du nantissement, de la vente conditionnelle et de l'hypothèque, il a toujours été pratiqué d'une façon plus ou moins ruineuse pour les propriétaires. La lutte de la royauté contre l'aristocratie féodale avait, de bonne heure, facilité la vente des grands biens, et la révolution, en proclamant l'égalité civile, n'eut rien à changer dans les conditions personnelles des contrats de vente et d'achat. Depuis des siècles, déjà, en France, engageait qui empruntait, vendait qui devait, achetait qui pouvait, tel était le fait. Et comme la vente, moyen suprême de dégrèvement, était un moyen toujours existant, toujours facile, toujours excité par la convoitise des hommes d'affaires, toujours favorisé dans son principe par la politique royale; on ne chercha pas d'autres bases au Crédit foncier.

En Allemagne, où, par des raisons politiques contraires, les anciennes formes conservatrices et l'inaliénabilité de certaines propriétés avaient été consacrées par la loi, la nécessité de venir au secours des biens territoriaux se fit sentir surtout après la guerre de sept ans, en Silésie, où l'intérêt de l'argent avait atteint le taux énorme de 10 et 12 pour %. La détresse de la propriété suggéra à un simple négociant de Berlin l'idée de substituer à la responsabilité individuelle de chaque débiteur la garantie collective d'une société de propriétaires, engagés par contrat hypothécaire. Frédéric II approuva l'idée. Pour la première fois, le *principe de la compagnie commerciale* fut appliqué à la terre; le Crédit foncier était fondé!

L'idée d'étendre les règles de la société de commerce à la jouissance du sol n'aurait pu surgir en France, à cette époque, sans froisser les mœurs nationales. Rien ne la sollicitait en Angleterre, où les grands propriétaires, spéculateurs depuis le règne d'Elisabeth, sont également grands capitalistes. Il fallut, pour la concevoir et la faire adopter, cette double nécessité : un besoin urgent de capitaux , joint à l'impossibilité de vendre dans un pays sans commerce. Le génie de l'invention n'est jamais plus fertile qu'excité par les résistances d'une situation désespérée.

Une circonstance analogue à celle de la Silésie fit établir en Pologne le Crédit foncier, qui se répandit peu à peu dans le Nord. Le temps, aujourd'hui, a tiré les conséquences des germes contenus dans les fondements de l'organisation. L'Allemagne s'est couverte de banques territoriales qui lui ont apporté en général la vie et la prospérité, mais sur quelques points aussi une effrayante instabilité.

Un grand nombre d'esprits, frappés de ces faits, ont réclamé pour la propriété française les bénéfices du Crédit foncier et de la *Société anonyme*. Les Conseils généraux ont été consultés, les publicistes ont donné leur avis , des pétitions ont été signées, le Gouvernement a fait étudier la question et présenter un projet; enfin, l'Assemblée législative a nommé une commission dont l'habile rapporteur, M. Chegaray, a soumis le projet à ses collègues. Déjà une première lecture en a été faite , et il est très-possible que le projet traverse les deux autres degrés qui lui sont nécessaires pour être converti en loi. Il est donc urgent de l'examiner.

V.

Analyse du projet de la Commission

Le projet de la Commission marche droit à son but et tranche résolument les difficultés. Avant de statuer sur les établissements de Crédit foncier qui peuvent s'adapter à nos institutions, la Commission écarte le papier-monnaie avec cours forcé, d'odieuse mémoire, et, laissant intact dans notre Code le régime des hypothèques, attache aux établissements dont elle propose la fondation des priviléges de nature à éviter les frais d'enregistrement, d'actes, de procédures, de transmissions, d'obligations, le droit (sans lequel il n'y a pas de Crédit foncier possible) de toucher au lieu et place des propriétaires en retard les revenus des immeubles engagés, et la faculté, plus importante encore, d'exproprier le sol à bref délai.

Trois sortes d'établissements reconnus par le projet, ou plutôt trois combinaisons différentes, peuvent fonctionner sur ces premières bases et fonder le Crédit foncier ; ce sont :

1° Des Agences de vérification et de garantie de Crédit immobilier ;

2° Des Caisses de garanties et de prêts immobiliers ;

3° Des Banques de Crédit immobilier.

Les *Agences* se borneraient à vérifier la valeur des immeubles ; à prendre inscription pour le montant de la somme que le propriétaire voudrait se procurer, et dont le maximum est fixé au tiers de la valeur engagée ; à remettre à ce propriétaire, en échange de son obligation, des *lettres-de-gage* garanties par la Compagnie, et que le souscripteur de l'obligation négocierait à ses risques et périls.

Les propriétaires dont les biens ne seraient pas grevés de plus du tiers de la valeur, pourraient échanger leurs hypothèques actuelles contre des lettres-de-gage.

Les Caisses de garanties et de prêts immobiliers seraient autorisées non-seulement à créer, comme les agences, des lettres-de-gage susceptibles d'être remises aux propriétaires emprunteurs, mais encore : 1° à stipuler pour leur compte des obligations hypothécaires jusqu'à concurrence du montant de leur capital ; 2° à créer des lettres-de-gage pour valeur égale au montant de ces obligations ; 3° à négocier ces lettres-de-gage; 4° à les retirer de la circulation par voie de rachat et d'escompte, lorsque la situation des encaisses le permettra.

Les *Banques* compléteraient le système de crédit foncier et feraient participer la propriété à tous les avantages obtenus jusqu'à ce jour, par les commerçants, au moyen des banques d'escompte et de circulation, par l'autorisation qui leur serait accordée d'émettre une somme de billets égale au montant cumulé du double capital versé ou déposé par ses actionnaires en argent et rentes sur l'Etat, et dont les billets, toujours remboursables à présentation, seraient employés à faire des prêts à la propriété foncière.

À ces trois sociétés qui peuvent fonctionner séparément, ou se venir mutuellement en aide, et, au besoin même, nous le le pensons, n'en faire qu'une, il faudra toujours, dans chaque département, le concours des propriétaires les plus connus par leur probité, par leurs lumières et par leur fortune.

Les avantages obtenus au moyen de ces établissements s'appliqueraient également aux prêteurs et aux emprunteurs.

Les prêteurs trouveront des garanties supérieures à celle que leur offre actuellement l'hypothèque, par ce droit que la législation modifiée, leur donnerait de traiter la propriété comme un *meuble,* comme un simple *gage ;* mot, dit Domat, qui s'applique spécialement aux choses mobilières. Une ordonnance du juge suffirait pour envoyer en possession des immeubles hypothéqués , sauf restitution , si la jouissance des fruits excédait la dette. Les fruits sont-ils insuffisants ? un simple commandement donne le droit de vendre par-devant notaire les immeubles hypothéqués, et ce, dit le rapport, sans être tenu d'observer les formes et les délais de la procédure ordinaire , en matière d'expropriation forcée. Enfin , les actes constitutifs de l'hypothèque, ainsi que la création, l'émission et la transmission des lettres-de-gage , seront affranchis de toute taxe d'enregistrement, moyennant le paiement , par les établissements qui les auront émises, d'un impôt annuel , égal à 10 centimes par 100 francs du montant des obligations en cours.

Aux propriétaires, preneurs de lettres-de-gage , le crédit foncier procurerait la faculté de se libérer des intérêts et du capital emprunté, moyennant une annuité de 6 pour %, payée pendant un temps déterminé, soit de trente, soit de quarante ans.

Cette annuité de 6 pour % se décompose ainsi : 1° un intérêt dont le taux le plus élevé ne pourra dépasser 4 1/2 pour % ; 2° un amortissement qui ne pourra être inférieur à 1 pour %, ni être stipulé supérieur à 2 pour % ; et, enfin, 1/2 pour %, pour impôt dû au trésor, frais d'administration, éléments de fonds de réserve.

L'annuité totale, dit l'art. 3, ne pourra excéder 6 pour %, quand l'amortissement annuel sera de 1 pour %. Elle ne pourra excéder 7 pour % quand l'amortissement sera de 2 pour %.

VI.

 Quelque brillants que soient ces avantages, l'établissement en France d'un crédit foncier, organisé commercialement et avec droit d'exproprier le fonds à bref délai, a soulevé de graves objections. Sans parler des idées entachées de socialisme, repoussées par l'Assemblée Constituante, les projets les plus à l'abri de pareilles imputations aboutissent tous à une véritable mobilisation du sol, par la facilité extrême accordée d'emprunter et d'aliéner. L'assimilation de l'immeuble à un objet meuble, la terre devenue un gage, une monnaie courante par une ingénieuse fiction; le chapitre de *la distinction des biens,* dans le code civil, effacé au profit de nouvelles institutions; l'application de l'art. 527, disant: « Que les biens sont meubles par la détermination de la loi, » étendue au-delà des bornes naturelles, paraissent chose grave.

Ceux qui regrettent de voir nos codes modernes attribuer la propriété plus encore à l'individu qu'à la famille, se demandent si le crédit foncier, par ses facilités rapides, ne portera pas une atteinte profonde au seul article de nos lois civiles, l'article 913, qui considère, dans son principe, la propriété plutôt comme un dépôt confié au père de famille pour l'administrer et l'améliorer, que comme un moyen de jouissance personnelle. Si la propriété, disent-ils encore, est arrivée à une obération excessive avec les difficultés du régime actuel, que sera-ce, lorsque privée du contrepoids que l'inaliénabilité partielle oppose en Allemagne et en Pologne à une mobilité sans fin, elle sera livrée à une législation dévorante?

Les anciennes législations regardant les objets mobiliers comme plus spécialement affectés au commerce, avaient rendu pour eux les saisies promptes et relativement peu coûteuses; mais quand il s'était agi de la propriété terrienne, base de la stabilité du trône, ces mêmes législations, après avoir ouvert une porte trop large à la vente et au démembrement, ne croyant jamais pouvoir la fortifier assez contre les dangers de la saisie, avaient élevé en sa faveur un luxe de difficultés.

L'ameublissement du sol enlève à la famille et à la société leurs plus sûres garanties de conservation. Il suffisait à Antée, selon la fable, de toucher la terre du pied pour prendre des forces; il en est de même des familles et des institutions fondamentales, qui n'acquièrent de solidité que par la possession territoriale. Quand la propriété, traitée comme un coupon de rentes, sera livrée à toutes les chances du jeu et de la spéculation, à tous les caprices de l'individu; quand une minute de faiblesse pourra arracher à une famille un bien, œuvre de persévérance, compromettre une situation acquise au profit de tous; quand la législation n'offrira plus un seul abri, même contre soi, contre sa propre folie, contre les dangers de sa propre dissipation ou de son impéritie; quand le gouffre de la dette sera toujours ouvert sous les pas du propriétaire, toujours béant à sa porte, le sollicitant, l'entraînant, à quelle nature de biens le père pourra-t-il se confier? Où l'artisan de sa propre fortune se reposera-t-il des périls du commerce et de l'industrie?

où sera la sécurité des enfants? que deviendra la famille jetée dans ce tourbillon, et qui soufflera désormais chez un tel peuple l'esprit conservateur? L'homme sans repos, la famille sans port, l'Etat sans axe, seront emportés au gré de toutes les passions populaires; et la propriété vaincue, chassée des différentes positions qu'elle avait jadis occupées, dépouillée de ses fonctions sociales, mobilisée enfin dans ses derniers retranchements, ne sera pas même une jouissance viagère. Heureux les peuples qui s'efforcent par leurs lois de convertir leurs valeurs mobilières en objets mobiliers, au lieu de rendre mobilières, par des fictions légales, les choses auxquelles la nature a donné, par excellence, le cachet de l'immuabilité! Eux seuls sont *libres,* parce qu'ils ont fait ainsi de la propriété une barrière à l'oppression!

VII.

Réponses.   Le fait domine ces appréhensions, disent les partisans du crédit foncier, et détruit malheureusement une partie de leur valeur. La mobilisation du sol existe déjà avec tous ses inconvénients et sans ses avantages. La propriété foncière, totalement vendue deux fois en soixante ans, et, malgré ce, non moins obérée aujourd'hui, en est une preuve incontestable. La dette privée, activant de plus en plus la vente du sol par l'expropriation, en avilit le prix, et les ressources du crédit foncier manquent aux propriétaires grevés pour conserver ou pour réaliser avec moins de pertes. Dans un temps normal, le crédit terrien, surexcité par des banques, aurait de fâcheux effets privés et politiques ; car la dette qui, au point de vue personnel, est une faute ou un malheur, devient une cause d'affaiblissement social en se généralisant. Mais dans les temps irréguliers, lorsque tout est individuel, temporaire, muable; lorsque le pouvoir, devenu être abstrait, est partout et n'est nulle part ; que le souverain d'aujourd'hui était sujet la veille ; que les fonctions politiques et administratives, depuis les plus modestes jusqu'aux plus élevées, passent de mains en mains, sans se fixer jamais, — espérer que la propriété, par des formalités hypothécaires ou de saisies-immobilières, échappera aux étreintes d'une situation générale, c'est s'abuser. Les entraves de procédure, protectrices à d'autres époques, deviendront même une gêne intolérable, et contribueront à écraser les propriétaires grevés, sans empêcher l'ameublissement foncier. Sachons le reconnaître : si l'esprit de commerce enfante les démocraties, les démocraties, à leur tour, propagent ce même esprit, et faire lutter, seule, la propriété contre elle, c'est engager une partie inégale. Pour beaucoup, il s'agit moins, à cette heure, de la question de la propriété que de la situation des propriétaires, entraînés à une liquidation inévitable, et qui méritent de jouir, dans leur malheur, des avantages réservés jusqu'ici au commerce.

D'ailleurs, dans la situation actuelle, les emprunts publics, les bons du trésor et les caisses d'épargne, font à la terre et au crédit territorial une concurrence tellement désastreuse, que la transformation de ce crédit est devenue indispensable.

VIII.

Distinction entre les intérêts de la propriété et ceux des propr.^{res}

Si toute la question était effectivement réduite à ces termes, la réponse ne serait pas douteuse. Il faudrait chercher à fonder un crédit foncier volontaire, loyal, comme un expédient nécessaire, et le projet de la commission, avec quelques amendements complémentaires, pour la diminution momentanée des droits d'enregistrement, présenterait des combinaisons financières suffisantes pour remédier à la situation.

Mais le problème est complexe et doit être examiné sous toutes ses faces. D'un côté sont les propriétaires, engagés, obérés, par l'effet de nos révolutions successives, les acquéreurs imprudents, les cultivateurs trop confiants, qui menacent de succomber malgré les efforts les plus louables et les plus énergiques. C'est là la question du jour, elle presse, elle est urgente. D'autre part, il y a l'intérêt permanent de la propriété avec ces forces vitales qu'il faut bien se garder de jeter en pâture à des misères et à des imprévoyances temporaires. L'alternative entre l'abolition de la propriété fixée et la ruine des propriétaires serait-elle posée? Heureusement non. Il ne faut ni décréter la perpétuité de la mobilisation du sol, en faisant d'un expédient, bon pour conjurer les malheurs actuels, une institution qui ne serait autre chose qu'une loi de prohibition contre le raffermissement et la stabilité des possessions territoriales , ni rester sans entrailles devant les souffrances de la petite propriété.

De même que la propriété renferme deux sortes de bien : le bien-fonds, ou permanent, et la jouissance, ou revenu, qui s'obtient par le loyer annuel et par les récoltes , — le crédit foncier, mieux étudié , comporte deux moyens distincts et d'effets contraires, la saisie sur deux natures de propriété : *sur le fonds* et *sur le revenu*. Par la première, il effectue facilement, rapidement la liquidation ; avec la seconde , il change de caractère et devient essentiellement réparateur, conservateur et RECONS-TITUTIF de la propriété. La double situation qui nous préoccupe pourra trouver sa solution dans l'usage *constant* du second de ces moyens et dans l'usage *restreint*, provisoire, sagement ménagé, du premier. Si elle est bien inspirée, la loi devra dire: *Le droit d'expropriation du sol, droit exceptionnel et irrégulier, n'est accordé aux associations que pendant un temps limité, tandis que la faculté de saisir les revenus, jusqu'à extinction des annuités, est leur règle fixe, la base normale de leurs opérations.*

Ainsi conçu, l'établissement de crédit foncier n'aura plus rien de redoutable , et sera en rapport avec les deux nécessités qui le réclament. Il renfermera un expédient pour dénouer la crise, dégager la propriété et le germe d'une institution durable. Le prêt ne pouvant jamais dépasser , d'après le projet, le tiers de la valeur des biens engagés , la saisie des revenus devra suffire, en général, à acquitter les intérêts et à amortir la dette. Ce sera aux compagnies à s'entourer de légitimes précautions lorsque le propriétaire n'engagera que ses revenus.

D'ailleurs, elles seront toujours maîtresses de modérer, de limiter le prêt, et les familles ne se plaindront pas de leurs rigueurs. La propriété fera bien de se prémunir d'avance contre les dangers de l'emprunt excité par les Associations avides de gains.

Si cette modification importante n'était pas adoptée, les mœurs du pays, il ne faut pas se le dissimuler, opposeraient une vive résistance à l'introduction d'un mode de prêt, de vente et d'achat, qui change les habitudes et choque les idées reçues. On est accoutumé, en France, à regarder la propriété comme plus noble et plus fixe que toutes les autres natures de biens, et nous voyons encore journellement des sacrifices énormes faits par les familles pour la conservation des *propres*. Certes, il ne faut pas désespérer d'un pays où de tels sentiments survivent aux désastres des institutions ; car, malgré les causes accumulées par les révolutions et dans nos codes pour obliger la propriété à en passer par un établissement de crédit foncier ; si on persistait à le fonder uniquement sur la faculté constante d'exproprier le sol, on verrait un grand nombre de ceux qui l'admettent se ranger du côté de ses adversaires.

IX.

Conclusion. C'est par un ensemble de mesures bien ordonnées qu'il faut combattre la crise territoriale et préparer à la propriété un avenir meilleur. L'agriculture et l'Etat sont intéressés dans la question ; car, si la gêne des propriétaires rend stérile entre leurs mains la connaissance des plus féconds moyens de pro- duction, personne ne saurait dire jusqu'où la *vertu conserva- trice* de la propriété est troublée par les possessions illusoires. Dans une société où les misères privées, armées du suffrage universel direct, menacent de faire passer sur le pays le niveau de la ruine, il y aurait sagesse politique et prévoyance à faire luire dans nos campagnes, désolées par l'usure, une espérance promptement réalisable de secours à la propriété. Ce serait ôter l'arme la plus dangereuse des mains des factions, arracher de nombreuses familles au désespoir, et donner à l'avenir les gages d'une stabilité qui manque entièrement au présent.

Nancelles, septembre 1851.

3

9 782011 778000